L'HISTOIRE

DE L'ALGÉRIE

RACONTÉE A LA JEUNESSE

PAR Mme LA COMTESSE DROOHOJWSKA

NÉE SYMON DE LATREICHE.

OUVRAGE DIVISÉ EN TROIS PARTIES :

1° Des temps primitifs jusqu'à la conquête arabe ; 2° Domination arabe ; Domination turque ; 3° Domination française, jusqu'à notre époque.

APPROUVÉ

PAR MONSEIGNEUR L'ÉVÊQUE DE RODEZ,

ET COURONNÉ D'UNE MÉDAILLE D'ARGENT.

NOUVELLE ÉDITION.

PARIS

CHEZ L'AUTEUR, 2, RUE DE SÈVRES.

1853.

vous dire que la France devait espérer n'avoir de longtemps
rien à redouter de ses entreprises. Pendant que se passaient,
au Maroc, ces évènements d'une plus haute importance peut-
être pour nous que pour cet empire lui-même , un change-
ment se préparait en Algérie : la démission, que le maréchal
duc d'Isly avait présentée depuis longtemps était acceptée,
et le duc d'Aumale était nommé, par ordonnance royale du
11 septembre, au gouvernement de l'Algérie.

CHAPITRE LXI.

Expédition de la Kabylie.

Soumission d'Abd-el-Kader. — Ses résultats en Algérie. — État de la colonie en novembre 1848. — Les oasis du Sahara.—Affaire de Zaatcha. — Prise de Narah. — Expédition dans la Kabylie orientale, en mai, juin et juillet 1851. — Opérations en Algérie en 1852.

Un avenir prompt et rapproché devait faire mieux encore que réaliser les espérances de calme momentanée que nous faisait prévoir naguère la défaite, dans le Maroc, des tribus fidèles à Abd-el-Kader. Bientôt, en effet, la France étonnée entendait sortir de toutes les bouches, s'échapper de tous les cœurs ce cri de triomphe et de joie : — Abd-el-Kader s'est rendu !... Abd-el-Kader est prisonnier !...

Dès l'abord on accueillit cette nouvelle avec crainte et défiance : la soumission de l'Émir, alors qu'on savait le désert encore ouvert devant lui, semblait impossible. Cette grande et heureuse nouvelle fut bientôt confirmée, et la France l'accueillit avec transport, comme un nouveau trophée dû à la valeur de sa jeune et vaillante armée.

« Après quinze ans de résistance, de soulèvements, de combats, d'embûches, de fuites et de retour ; après avoir agité avec un fanatisme et une vaillance que rien n'égale presque toutes les tribus de la régence ; après avoir illustré, sans les lasser jamais, le courage et l'habileté de vingt généraux, l'Émir acculé sur les frontières du Maroc, pressé par les armes de cet empire, et cerné par les nôtres, l'Émir s'est rendu. »

Le général de Lamoricière, commandant en chef de la province d'Oran, reçut le premier la soumission d'Abd-el-Kader, qui réfugié chez les Beni-Smassen lui fit proposer de déposer les armes, à la condition d'obtenir la liberté de vivre sur une terre musulmane ; il désignait Saint-Jean d'Acre ou Alexandrie. Le général ayant communiqué ces conditions au duc d'Aumale, elles furent acceptées, et l'Emir se dirigea aussitôt vers Sidy-Brahim, où il devait rencontrer le Prince. Ce fut là, sur cette tombe glorieuse d'héroïques vaincus, que se passa une de ces scènes magnifiques, dont les nations aiment à conserver le souvenir.

Le fils de Mahhi-ed-dên, le représentant de l'antique race des Fatimites, Abd-el-Kader, cette vivante et glorieuse incarnation de l'esprit de résistance et de nationalité arabe, s'inclinait volontairement devant une puissance qu'il proclamait ainsi supérieure à la puissance musulmane. En signe de vasselage et de soumission, il descendait du fier coursier, fidèle compagnon de ses combats, témoin de sa vaillance, et, après l'avoir offert au duc d'Aumale, il regagnait sa tente à pied, en vaincu ; c'était le 21 décembre 1847.

On a comparé l'Emir à Jugurtha et aux anciens défenseurs du sol numide ; d'autres, et nous partageons ce sentiment, évoquant à son occasion le souvenir des premières périodes de notre histoire, aiment à voir en lui une fidèle image de ce jeune héros des Arvernes, Vercingétorix qui lutta avec tant d'éclat et de courage contre les armées romaines.

Confiant en la parole de la France, Abd-el-Kader s'éloigna de l'Algérie, espérant bientôt revoir cet orient musulman, loin duquel il ne pourrait, il le sentait bien, supporter l'absence de la patrie. Mais la France ne ratifia point ce double engagement de ses lieutenants. Le fils du désert devait languir cinq années sous notre ciel, toujours triste et froid pour lui.

La soumission de l'Emir avait non seulement assuré le calme et la paix à l'Algérie ; mais encore, en permettant à la colonisation de se développer, elle préparait l'extension de notre influence sur l'esprit et les mœurs arabes. Le Gouvernement mit à profit cette période, pour faciliter de tout son pouvoir la colonisation. Des travailleurs français quittèrent en grand nombre la métropole, pour aller peupler de charmants villages fondés pour eux, et où les attendaient des concessions de terrain.

Tel était l'état satisfaisant de notre colonie, qu'au mois de novembre 1848, le général de Saint-Arnaud, après avoir visité la province d'Alger, affirmait que la tenue des colons, leur excellent esprit, leur activité, leur courage, justifiaient tous les éloges, et permettaient toutes les espérances.

Cependant la question de l'impôt, si sensible chez tous les peuples, exploitée par l'ambition dépossédée des agents d'Abd-el-Kader, fomentait l'esprit de révolte parmi les tribus du Sahara. La résistance avait son foyer dans l'oasis de Zaatcha, position que les Kabyles considéraient comme imprenable, et devant laquelle avaient échoué tous les efforts et toute la puissance des Beys.

L'Afrique, du nord au centre, se divise en trois régions distinctes. La première, connue sous le nom de Tell, ou pays des grains, monte par des pentes constantes jusqu'à la région des hauts plateaux. Celle-ci s'étend, sous le nom de Sahara, du Tell au désert, dont le niveau est à peu près le même que celui de la mer. Les hauts plateaux nourrissent de nombreux troupeaux de moutons, et, d'espace en espace, l'on trouve des oasis où s'élèvent des villes fortifiées, dépôts des grains et des marchandises des tribus nomades.

Rien de ravissant et de gracieux comme ces oasis, parmi lesquelles celle de Zaatcha est renommée. Figurez-vous dans les replis ternes et monotones d'une mer de sable, une magnifique forêt surgissant soudain toute verdoyante et parfumée, avec ses soixante-dix mille palmiers, ses deux sources vives, ses canaux d'irrigation, ses jardins et ses petites maisons crénelées et bâties en briques crues que l'on prendrait pour des monceaux de terre. — Sous la première voûte de palmiers, se déploient en arcades capricieuses, en pyramides, en festons, d'abord une seconde forêt d'oliviers et de figuiers, ensuite une végétation puissante et savamment ployée aux besoins et à l'agrément de l'homme. C'est la richesse, la beauté de la nature prise par la Providence dans son plus complet et plus parfait développement, pour être mise en parallèle et en contraste avec la nudité sauvage et grandiose du désert.

L'influence de Bou-Zian, ancien cheik d'Abd-el-Kader avait décidé les marabouts à prêcher la guerre sainte. Les tribus de l'ouest et du sud avaient entendu cet appel, et les contingents, qui arrivaient de tous les côtés, exaltaient encore l'ardeur du fanatisme musulman.

Le général Herbillon commandait la colonne d'attaque. Bientôt il fut rejoint par les colonels de Barral et Canrobert. Ces renforts portèrent la colonne à 7,000 hommes.

Commandées par de dignes et vaillants chefs, nos troupes déployèrent la plus brillante ardeur. Cependant leur courage demeura dès l'abord impuissant, en présence de l'héroïque résistance de l'ennemi. Les opérations de notre corps d'armée étaient d'ailleurs surveillées et inquiétées par les tribus en armes, qui attendaient le résultat du siége pour empêcher la retraite de nos troupes et consommer leur ruine.

Telle était notre position, lorsque après six semaines d'efforts, après plusieurs assauts, la ville tomba enfin en notre pouvoir.

C'était le 26 novembre, trois colonnes de 800 hommes chacune, conduites par les braves colonels de Barral et Canrobert, et par le lieutenant-colonel de Lourmel; franchirent avec cette impétuosité traditionnelle dans les troupes françaises, les trois brèches rendues praticables par les efforts du génie, pendant que le commandant Bourbaki complétait, avec une quatrième colonne, l'investissement de la place.

En moins d'une heure les rues et les terrasses étaient entièrement occupées ; ce triomphe avait été vaillamment conquis. Il avait fallu livrer un combat pour chaque pied de terrain, faire le siége de chaque maison, de chaque pan de mur qui pouvait cacher et abriter un ennemi. Les terrasses et les premiers étages emportés, restaient les rez-de-chaussée, qui communiquaient d'une maison à l'autre au moyen de passages étroits et tortueux, tandis que leurs communications avec les étages supérieurs avaient été coupées. Beaucoup de maison ne purent être enlevées ; il fallut les faire sauter. Quatre heures après, des coups de fusil sortaient encore de dessous les décombres.

Ce fut, en vérité, une héroïque journée. Bou-Zian, le chérif Si-Moussa-ben-Amar et tous leurs compagnons, au nombre de 7 à 800, se firent tuer. Aucun d'eux ne voulut rester pour pleurer sa défaite, et rougir de sa honte.

Grâce au sang-froid, au talent et au dévouement des chefs, notre armée ne paya point son triomphe aussi cher qu'on pouvait le craindre. La colonne, après avoir perdu 43 hommes pendant les six semaines du siége, ramena 175 blessés.

Ce succès eut un profond retentissement sur tout le sol africain ; les tribus révoltées s'empressèrent de demander l'aman, et la subdivision de Bathna vit, en un instant, le calme et la sécurité succéder aux craintes et aux troubles qui la menaçaient naguère.

Mais en Algérie, au sein d'une féconde pensée de résistance religieuse et nationale, la paix ne peut être tellement complète, que de temps à autre, elle ne soit troublée par quelques nouveaux ferments de révolte. C'est ainsi qu'à la fin de cette année 1849, éclata un soulèvement dans l'Aurès.

Le colonel Canrobert voulut frapper immédiatement un coup décisif. « Je ne me dissimulai pas, dit-il, que le nœud de la question de l'Aurès était à Narah, que le fanatisme crédule des montagnards entourait d'un immence prestige. » La position semblait inattaquable. Narah est un village assis au centre d'un profond ravin, dont les flancs taillés en terrasses l'entourent de jardins vraiment féeriques, dans lesquels l'art et la nature le disputent de beautés et de charmes ; à ses côtés s'étendent deux autres villages. Deux solides tours en pierres, élevées à 500 mètres au-dessus du niveau de l'Oued-Abdi, protégent et défendent les trois villages.

Pour parvenir à Narah, il faut gravir des sommets inaccessibles et redescendre ensuite, et presque à pic, dans le ravin creusé en entonnoir. Le chemin est réputé impraticable aux Européens. Dans toute la sécurité que leur inspirait la certitude de l'impossibilité d'une attaque, les rebelles de l'Aurès y avaient établi leur repaire. Le colonel Canrobert voulut leur prouver que rien n'est impossible à la vaillance et au dévouement de notre brave armée d'Afrique.

Les hauteurs gravies et redescendues avant même que l'ennemi eut connaissance de l'approche du colonel, les villages pris et détruits de telle sorte qu'il n'y restait plus vestige d'habitations, tout cela fut l'affaire d'un brillant coup de main qui dura à peine quelques heures. L'Aurès tout entier s'émut, et les tribus s'empressèrent de courber le front devant la volonté d'Allah, ainsi marquée par des merveilles.

Plus d'une année devait séparer ce beau fait d'armes d'un évènement plus populaire encore en France, et dont les résultats exerceront une immense influence sur la parfaite pacification de notre colonie. Je veux parler de l'expédition dans la petite Kabylie en mai, juin et juillet 1851.

La Kabylie servait de refuge à tous ces prétendus chérifs, dont la puissance, chaque jour prédite aux Arabes, doit mettre un terme à la domination française en Algérie. L'un d'entre eux, Bou-Baglha, voyait s'étendre son influence de tribu en tribu. Ce furent ces circonstances qui déterminèrent l'expédition de la Kabylie. Elle avait pour but d'assurer une sécurité complète à la route qui relie Philippeville à Constantine, de garantir de tout danger les établissements agricoles et domaniaux des vallées de Safsaf et du Rummel, enfin, de débloquer Djidjelli et de mettre cette ville en relation avec Milah.

Le général de Saint-Arnaud réunit à Milah 8,000 hommes,

qu'il divisa en deux brigades commandées par les généraux de Luzy et Bosquet. La division se mit en mouvement le 10 mai. Dès les 11, 12 et 13, elle avait à soutenir des combats opiniâtres. Le 24, elle s'engageait dans des sentiers impraticables, non loin de ces champs de bataille, témoins, en 1804, de la mort et de la défaite du puissant Bey Osman. L'armée eut à franchir de difficiles passages, où jamais encore aucune colonne ne s'était engagée, et des tribus, qui jusqu'à ce jour avaient ignoré notre force et bravé nos commandements, apprécièrent la vigueur de nos coups, en voyant nos soldats affronter les fatigues et le danger, sans se laisser arrêter un instant ni par les difficultés de terrain, ni par les embuscades cachées à chaque pas.

Après une de ces marches, dont nul de ceux qui en sont témoins ne perd le glorieux souvenir, la colonne bivouaquait le 16 mai sous les murs de Djidjelli. Le général de Saint-Arnaud détachait alors de sa colonne le général Bosquet, pour aller prêter main-forte au général Camou, dont les opérations dans l'Oued-Sahel avaient le plus beau résultat.

Pendant ce temps, le général de St-Arnaud quittait Djidjelli et se portait vers l'ouest. De brillants combats lui donnèrent tour à tour raison des tribus récalcitrantes. Il se dirigea alors vers l'est, et dans ce mouvement, « la colonne eut constamment devant elle les contingents qu'elle avait combattus dans sa marche de Milah à Djidjelli. Ils venaient chaque jour disputer le passage à notre armée, c'était une lutte de tous les instants. »

Toutes les tribus du cercle de Djidjelli ayant demandé l'aman à la suite de la sanglante affaire du 26, le général de St-Arnaud se porta dans le cercle de Collo, où l'attendaient les mêmes résultats, le même succès.

La conquête de la Kabylie orientale était ainsi accomplie. Elle avait coûté à notre brave armée d'incroyables efforts. Le général de St-Arnaud avait, pendant une campagne de quatre-vingts jours, parcouru 640 kilomètres. Il s'était mesuré vingt-six fois avec l'ennemi et l'avait vaincu dans toutes les rencontres.

Cette conquête a étendu à la Kabylie les résultats déjà obtenus parmi les Arabes. Ils sont gouvernés les uns comme les autres, selon leurs mœurs et leurs usages par des hommes de leur nation, sous le protectorat et en quelque sorte sous la suzeraineté du gouvernement français en Algérie, qui nomme leurs chefs et reçoit d'eux le tribut et le service militaire. L'Arabe apprécie la loyauté et la bravoure de notre armée dont il partage avec zèle et dévouement les travaux et les fatigues ; il a foi et confiance dans l'impartialité de nos lois auxquelles il a recours pour leur demander sécurité et protection. Enfin on le voit se mêler parfois à notre vie et à nos mœurs, demander à nos hôpitaux et à nos médecins la santé et la vie, s'élancer avec nous dans l'arène des courses et des fêtes publiques, s'asseoir à nos festins et soumettre ses enfants à notre précieux usage de la vaccine.

L'année 1852 a recueilli les fruits de cet état de calme. A peine si elle a été troublée par quelques mouvements d'agitation dans le sud et par la révolte du chérif d'Ouargla, qui ont promptement trouvé un terme dans l'arrestation du Kalifat de Laghouat et dans la défaite du chérif.

Au mois de juin, une poursuite prompte et vigoureuse nous rendait maîtres, près de Ghelma, de la révolte menaçante de quelques fanatiques, qui annonçaient au nom d'Allah que l'année 1852 était marquée par le ciel pour la ruine et l'expulsion des Français. Les plus coupables, pourchassés de montagne en montagne, de ravin en ravin, se sont réfugiés sur le territoire de Tunis. Les autres ont demandé l'aman.

« En résumé, progrès en tout, soumission partout, » tel est le tableau que présente aujourd'hui l'Algérie, cette féconde et magnifique terre, que le génie de la France a su, en moins de vingt-deux ans, transformer en la plus riche et la plus belle colonie du monde !

CHAPITRE LXII.

—

Abd-El-Kader à Paris.

Abd-el-Kader obtient sa liberté. — Voyage de l'Emir à Paris. — Promesses faites par lui au Prince-Président. — Accueil du peuple. — Impressions de l'Emir. — Visite qu'il reçoit du général Courby de Cognord. — Désaveu du massacre des prisonniers de la Deira. — Monseigneur Dupuch. — Jugement de la postérité.

L'acte généreux et loyal qui a rendu la liberté à Abd-el-Kader, ou plutôt qui a ratifié aux yeux de l'Europe entière la parole française, outragée et méconnue, a eu un noble retentissement dans tous les cœurs. Chacun a applaudi à cette interprétation des désirs de tous, et l'Emir, libre enfin de se retirer sur une terre musulmane, a fait entendre la voix de la reconnaissance la plus chaleureuse.

Son voyage, son séjour à Paris, confirment et consacrent les souvenirs de grandeur et de noblesse qu'il a laissés dans ses diverses résidences. On se plait à trouver et à reconnaître en lui ce type magnifique du chef arabe, tel que nous l'a légué la tradition, avec sa fière et ardente nature, sa chevaleresque grandeur, son esprit concis et rapide, son regard d'aigle et son inviolable respect pour ses croyances religieuses. Il y a dans Abd-el-Kader plus qu'un grand chef, plus qu'un grand capitaine, il y a un croyant ferme et fidèle dans sa foi, un marabout, rigide observateur de ses devoirs religieux, et ce double caractère imprime sur son front une sévère et majestueuse dignité, que la France, toujours loyale adversaire, se plaît à admirer et à proclamer.

Ce séjour de l'Émir dans notre capitale demanderait bien des feuillets pour être raconté et apprécié. Dans ses impressions en présence des merveilles de nos arts, de notre civilisation, se retrouveraient dans toute leur force, les contrastes de la vie du désert comparée à la nôtre. Nos limites nous permettent à peine d'esquisser rapidement quelques traits de cet intéressant tableau.

On ne peut voir sans émotion une cordiale étreinte confondre un instant le chef du désert et le chef qui l'accueille après l'avoir vaincu , comme il accueillerait un triomphateur. On aime à répéter les paroles de reconnaissance adressées par l'Émir au Prince-Président :

« Monseigneur, a-t-il dit,

» Vous avez été bon, généreux pour moi ; je vous dois la liberté que d'autres m'avaient promise, que vous ne m'aviez pas promise , et que cependant vous m'avez accordée. Je vous jure de ne jamais violer le serment que je vous ai fait.

» Je sais qu'on vous dit que je manquerai à mes promesses, mais ne le croyez pas ; je suis lié par la reconnaissance et la parole : soyez assuré que je n'oublierai pas ce que l'une et l'autre imposent à un descendant du Prophète et à un homme de ma race.

» Je ne veux pas vous le dire seulement de vive voix, je veux encore laisser entre vos mains un écrit qui soit pour tous un témoignage du serment que je viens de renouveler. Je vous remets donc cette lettre : elle est la reproduction fidèle de ma pensée. »

Le prince a répondu à Abd-el-Kader qu'il était d'autant plus touché de cette démarche, qu'il n'avait exigé de lui au cûñe promesse, qu'il avait eu confiance en lui, et qu'il avait trouvé une suffisante garantie dans la connaissance de son caractère.

Il a ajouté que cette démarche spontanée de l'Émir était une preuve qu'il avait eu raison de croire en lui.

Voici la traduction de l'acte remis par Abd-el-Kader à Son Altesse :

« Louange au Dieu unique !

» Que Dieu continue à donner la victoire à Napoléon, à notre seigneur, le seigneur des rois. Que Dieu lui vienne en aide et dirige ses actions.

» Celui qui est actuellement devant vous est l'ancien prisonnier que votre générosité a délivré , et qui vient vous remercier de vos bienfaits, Abd-el-Kader, fils de Mahhi-ed-Dèn.

» Il s'est rendu près de Votre Altesse pour lui rendre grâce du bien qu'elle lui a fait, et pour se réjouir de sa vue ; car, j'en jure par Dieu, le maître du monde, vous êtes, Monseigneur, plus cher à mon cœur qu'aucun de ceux que j'aime. Vous avez fait pour moi une chose dont je suis impuissant à vous remercier, mais qui n'était pas au-dessus de votre grand cœur et de la noblesse de votre origine. Vous n'êtes point de ceux qu'on loue par le mensonge et que l'on trompe par l'imposture.

» Vous avez cru en moi, vous n'avez pas ajouté foi aux paroles de ceux qui doutaient de moi, vous m'avez mis en liberté , et moi je vous ai juré solennellement *par le pacte de Dieu, par ses prophètes et ses envoyés*, que je ne ferai rien de contraire à la confiance que vous avez mise en moi , que je ne manquerai jamais à mes promesses, que je n'oublierai jamais vos bienfaits, que jamais je ne remettrai le pied en Algérie. Lorsque Dieu a voulu que je fisse la guerre aux Français, je l'ai faite ; j'ai fait parler la poudre autant que je l'ai pu ; et, quand il a voulu que je cessasse de combattre, je me suis soumis à ses décisions et je me suis retiré. Ma religion et ma noble origine me font une loi de tenir mes serments et de repousser toute fraude. Je suis *chérif* (descendant du prophète), et je ne veux pas que l'on puisse m'accuser d'imposture. Comment cela serait-il possible, quand votre bonté s'est exercée sur moi d'une manière si éclatante ? Les bienfaits sont un lien passé au cou des gens de cœur.

» Je suis le témoin de la grandeur de votre empire, de la force de vos troupes, de l'immensité des richesses de la France, de l'équité de ses chefs et de la droiture de leurs actions. Il n'est pas possible de croire que personne puisse vous vaincre et s'opposer à votre volonté, si ce n'est le Dieu tout-puissant.

» J'espère de votre bienveillance et de votre bonté que vous me conserverez une place dans votre cœur, car j'étais loin, et vous m'avez placé dans le cercle de vos intimes ; si je ne les égale pas par mes services, je les égale, du moins, par l'amitié que je vous porte.

» Que Dieu augmente l'amour dans le cœur de vos amis et la terreur dans le cœur de vos ennemis.

» Je n'ai plus rien à ajouter, sinon que je me confie à votre amitié. Je vous adresse mes vœux et vous renouvelle mon serment.

» Ecrit par Abd-el-Kader-ben-Mahhi-ed-Dên (30 octobre 1852). »

Non, nous en avons la confiance, le fils de Mahi-ed-Dên ne manquera point à sa parole, et d'ailleurs la France est trop généreuse pour se repentir jamais d'avoir tenu des promesses faites en son nom, à un ennemi confiant.

Nous nous félicitons de pouvoir consigner dans les feuillets de cette histoire, la dénégation formelle par laquelle l'Emir repousse la responsabilité de l'acte inique du massacre des prisonniers de la Deira, violation sanglante du droit des gens, qui nous rendait odieux son nom et son caractère.

Ayant reçu la visite du général Courby de Coguord, que nos lecteurs se souviennent d'avoir vu sur le glorieux, mais fatal terrain de Sidy-Brahim, Abd-el-Kader a perdu son calme habituel et avec une vive émotion :

— Je veux protester en ta présence, s'est il écrié, contre les accusations injustes qui pèsent sur moi. On dit que j'ai ordonné le massacre des prisonniers français. Il a eu lieu contre mes ordres et contre ma volonté. En ce moment, j'étais dans le Riff, chez les Beni-Smassen, à cent cinquante lieues de là.

Sur l'observation du général que les auteurs du massacre n'ont point été punis.

— Pouvais-je punir ? a répondu l'Emir. Nos prisonniers étaient chez les Marocains. La discorde était chez mes chefs qui ne m'obéissaient plus. Mes soldats aigris par les revers, n'avaient plus qu'une poignée d'orge pour vivre !...

L'Emir s'est tu ; une douloureuse émotion, qui accompagne toujours le retour de sa pensée vers ce triste souvenir, s'est peinte sur son visage si expressif et si mobile. Le général a serré avec effusion les mains d'Abd-el-Kader.

Une émotion d'une tout autre nature, un sentiment d'affectueuse joie a été manifesté par l'Emir lorsqu'il a appris la présence à Paris de *celui* que, parmi les Français qu'il a connus au temps de sa puissance, *il vénère et il aime le plus*. Ses entretiens avec Mgr Dupuch ont été pleins d'effusion et de charme, et n'est-ce pas un bien éloquent hommage rendu à un vénérable prélat, que le respect que témoigne à ses vertus l'orgueilleuse prévention d'un marabout !

L'Emir a visité nos églises. Il a courbé le front devant la majesté du Dieu qui les habite, et en quittant la Madeleine, dont l'éclat l'avait ébloui et émerveillé, il a félicité Paris, la France, sur la foi et la dévotion de ses enfants.

— En Algérie, a-t-il dit, je croyais que vous oubliiez votre Dieu. En France j'ai été bien vite détrompé et j'ai admiré la splendeur et l'élan de votre culte.

L'opinion qu'il exprime sur notre brave armée, est aussi honorable pour la France que pour lui-même. On a recueilli de sa bouche à peu près les mêmes paroles que prononçait, après l'expédition des Portes de Fer, un illustre témoin de ce brillant fait d'armes : « Les officiers sont des hommes » d'une rare énergie ; les soldats sont excellents, pleins » d'ardeur, de constance; aussi bons, aussi soumis, aussi » dociles que braves. En général, cette armée, éprouvée par » la fatigne et le feu, bronzée par le soleil, endurcie au » bivouac, leste, robuste et décidée, porte un cachet frappant » de force et de résolution. »

Partout où il s'est présenté, l'émir a reçu un accueil plein de respect et d'enthousiasme. Partout il a eu des mots heureux, des appréciations justes et élogieuses pour notre civilisation, et certes loin de nous, sous le beau ciel de Brousse, le souvenir de la France, malgré l'amertume de la défaite, lui apparaîtra parfois doux et consolant. La justice qu'il nous rendra apprendra au monde comment un prince généreux a su deviner, dans son cœur, le vœu secret d'une grande nation, et se faire son interprête pour soulager et honorer un noble vaincu. Plus tard, lorsque les siècles auront fait justice de toutes les préoccupations du moment, la postérité en rapprochant toutes les positions analogues dans l'histoire, comparera et jugera !

CHAPITRE LXIII.

<hr>

Chapitre complémentaire.

Je n'ai pu, mes chers amis, dans le cours de cette histoire, toute consacrée au récit des faits accomplis en Algérie, vous mettre suffisamment au courant de notre position sous le rapport civil, administratif et religieux. Je vais, en quelques mots remplir cette lacune, autant qu'il me sera possible.

L'autorité métropolitaine a été jusqu'à ce jour représentée en Afrique par un gouverneur général, investi de la direction suprême des affaires et placé sous le contrôle immédiat du ministre de la guerre. Le pouvoir, comme vous le voyez, est essentiellement militaire et il doit en être ainsi. Dans un pays tel que l'Afrique, où notre autorité est contestée, où les populations sont toutes guerrières ; où, en un mot, la force fait le droit, tout autre mode de gouvernement aurait été jusqu'à présent, impuissant à assurer notre domination.

L'Algérie forme trois divisions militaires et trois circonscriptions administratives. Celle d'Alger, celle de Constantine et celle d'Oran. Chacune de ces divisions se partage encore en subdivisions.

Avant la prise d'Alger, deux législations principales régissaient l'Algérie : la justice musulmane et la justice rabbinique. La première était rendue par les cadis qui remplissaient les doubles fonctions de juges et de notaires ; la seconde avait pour interprètes les rabbins, qui décidaient sans appel de toutes les affaires entre Israélites.

Au commencement de l'occupation française, on laissa, à quelques insignifiantes modifications près, subsister ces deux juridictions. Plus tard on restreignit leurs pouvoirs ; enfin, maintenant les tribunaux rabbiniques ne peuvent plus rendre de jugements en matière correctionelle ou criminelle, et les cadis ne sont plus compétents que pour les crimes de leurs coréligionnaires qui ne sont pas prévus par les lois françaises. Dans tous les autres cas, musulmans, juifs ou chrétiens sont justiciables de nos tribunaux.

Outre les conseils de guerre, trois juridictions sont établies en Algérie : les tribunaux ordinaires, les commissaires civils et les juges de paix. Vous voyez que c'est à peu près la même organisation qu'en France.

J'aurais trop à faire, mes jeunes amis, si je voulais vous détailler ici tous les travaux d'art qui ont été accomplis en Algérie depuis vingt-deux ans que nous l'occupons. Qu'il me suffise de vous dire que cette vieille terre a subi une transformation complète, que des routes admirables la traversent dans tous les sens ; que les fortifications de ses villes se sont relevées comme par enchantement ; que des camps fortifiés, des postes avec blockaus, des casernes, des hôpitaux, des retranchements s'élèvent partout où des agglomérations de troupes et de colons le réclament ; enfin, que des ponts ont été jetés sur les principaux cours d'eau. Ces travaux ont d'abord été exécutés par le génie auquel est venue s'adjoindre, dès la fin de 1841, l'administration des ponts-et-chaussées.

Que n'ai-je en mon pouvoir une baguette d'enchanteur ! je

vous transporterais à Alger, d'abord dans la ville de 1830, ensuite dans celle de 1853, et, étonnés, éblouis, vous vous écrieriez, j'en suis sûr : « C'est impossible, ce n'est pas là la même ville. » Vous ne feriez que répéter les paroles de ceux qui l'ayant connue autrefois, vont la visiter aujourd'hui, et avec ce seul coup-d'œil vous apprécierez à leur juste valeur les améliorations introduites par nous en Afrique. La salubrité publique n'a pas été oubliée : les dessèchements de vastes étendues de terrain, autrefois malsain et aujourd'hui en pleine culture, en font foi.

Quant à la colonisation contre laquelle s'est élevée en France tant d'opposition, pourquoi la croyait-on impossible ? La fertilité manque-t-elle à cette terre?—Nul n'oserait dire, oui. L'antiquité serait là pour le démentir; et après l'antiquité ceux de nos compatriotes qui ont visité ce sol, admiré sa force productive, le démentiraient aussi. On a dit : l'eau, le bois, les bras manquent. Il est reconnu que les deux premières craintes ne sont pas fondées. L'Algérie n'a, il est vrai, ni le Gange, ni le Nil pour la féconder; mais cela est-il donc nécessaire ? — L'Italie, comme l'Afrique française, n'a que de petits cours d'eau, est-elle pour cela peu fertile ? — Quant au bois, il est faux qu'il manque en Afrique. L'Arabe, il est vrai, le détruit, parce que, peuple pasteur, il n'en a pas besoin, tandis que sa cendre étendue sur la terre lui sert d'engrais; mais outre que le sol est excellent pour faire croître rapidement le chêne liége et le chêne vert, et que des plantations y seraient faciles et productives, le colon y trouve des forêts toutes venues, chaque jour on en découvre de nouvelles. Restaient les bras?... Ici un moyen bien simple est venu en aide au besoin de la colonie : la France lui a envoyé un nombre considérable de colons; qu'elle continue ces envois, et bientôt notre conquête réalisera toutes les espérances que l'on en a conçues. Du reste, l'agriculture y fait déjà de sensibles progrès ; les préjugés qui montraient l'Algérie comme malsaine et le voisinage des Kabyles et des Arabes, même alliés, comme dangereux et toujours menaçant, tombent peu à peu, et chaque jour de nouvelles concessions sont accordées par le gouvernement.

De même que les travaux publics ont changé l'aspect du pays, la culture française a changé l'aspect du sol, « les plan- » tations de toute espèce se multiplient, la plupart des légu- » mes d'Europe sont aujourd'hui acclimatés, et la douceur » du ciel donne à Alger, au cœur de l'hiver et à des prix peu » élevés, ces primeurs que l'on n'obtient en France qu'avec » tant de frais et d'industrie; les céréales croissent là, où de » mémoire d'homme jamais charrue n'était venue tracer un » sillon. »

J'arrive au rétablissement du catholicisme. Je vous ai déjà dit, mes jeunes amis, à quelle époque et par qui fut ouvert le premier temple chrétien à Alger. Peu après, d'autres s'élevè- rent sur les points principaux, et aujourd'hui il n'est pas une ville un peu importante qui n'ait son église et son clergé. Partout l'église est fréquentée, le clergé pieux et dévoué ; partout le musulman lui-même vénère et bénit *l'homme de Dieu*, celui qu'il appelle le marabout chrétien. C'est qu'avec cet admirable esprit de charité qui n'appartient et qui ne peut appartenir qu'à une religion divine, les institutions fon- dées en Algérie par le catholicisme viennent en aide à tous ceux qui souffrent, sans acception de croyance et de nation. Aussi combien sont aimées et respectées ces bonnes sœurs de charité qui ont quitté leur patrie pour porter leur dévoue- ment sur la terre de notre conquête; dire tout le bien qu'elles font serait impossible. A ce sujet, qu'il nous soit permis de rappeler la création des orphelinats et les bienfaits que retire l'Algérie de l'établissement des Pères Jésuites à Bouffa- rick.

Jusqu'en 1838, le clergé d'Afrique eut pour chef un vi- caire apostolique ; à cette époque, le gouvernement demanda à Rome l'érection d'un évêché pour l'Algérie, le Saint-Père s'empressa de déférer à ce désir, et monseigneur Dupuch fut mis en possession du siége épiscopal d'Alger. — Ses vertus et ses talents jetèrent un digne éclat sur la nouvelle Église d'Afriqúe ; la pompe des cérémonies, la solennité du culte, vinrent apprendre aux indigènes que les Français avaient foi en un Dieu grand et magnifique ; et le zèle vraiment évangélique, la piété éclairée, la haute charité du prélat et de son clergé vinrent leur dire que c'était aussi un Dieu bon, miséricordieux et ami des hommes.

En 1847, monseigneur Pavy a succédé à monseigneur Dupuch. Sa parole éloquente et persuasive, son dévouement, l'abnégation de sa vie, la sage prudence avec laquelle il sait ouvrir son cœur à tous ceux qui souffrent et leur donner des consolations, soit aux maux du corps, soit aux maux de l'âme, nous révèlent le secret merveilleux avec lequel il est parvenu à réunir autour d'un autel à peine relevé, des hommes indifférents, que chaque jour voit revenir à leur Dieu depuis si longtemps oublié.

Mais ce n'est pas tout encore. Dans le sein de ce catholicisme, qui recèle tout ce qui est beau et bon, devait se trouver une société qui allât donner aux colons, courage en partageant leurs travaux ; bon exemple en leur montrant la théorie agricole mise en pratique avec tout le zèle de la persévérance ; espoir dans l'avenir, par les résultats étonnants dus à la patience. Cette société n'a pas fait défaut aux besoins de la colonie, et des trappistes, quittant leurs solitudes de France, sont allés s'établir à Staouëli, sur un terrain couverts de palmiers nains, où toute culture semblait impossible. Eh bien ! ce sol pauvre et nu s'est transformé par leurs efforts, et voici qu'aujourd'hui, c'est une terre prospère et fertile qui fait l'admiration de tous les visiteurs. Que ne peut la puissance de l'homme lorsqu'elle est bien employée ; lorsque surtout toutes ses forces sont mises en commun dans une société dirigée par une forte pensée religieuse, où personne n'est soi, où chacun est tous ?

www.ingramcontent.com/pod-product-compliance
Lightning Source LLC
Chambersburg PA
CBHW061627050726
47595CB00007B/3077